Made in the USA
Monee, IL
28 September 2021

78989339R00115